AF461112

Lk 7 6681.

Ville de Paris.

QUESTION

DU

DÉPLACEMENT DE LA POPULATION.

ÉTAT DES ÉTUDES SUR CETTE QUESTION.

(1842.)

LK7 6681

BIBLIOTHÈQUE ROYALE

A mes Collègues du Conseil Municipal de Paris.

MESSIEURS,

Tant que quelques uns de vous se sont bornés à me demander si la commission ministérielle chargée d'étudier les moyens d'arrêter le mouvement de déplacement de la population de Paris, s'occupait de cette mission, il m'a suffi de répondre que malheureusement elle ne se réunissait pas depuis longtemps.

Je n'avais aucun reproche à me faire au sujet de cette négligence, les plaintes dont elle était l'objet ne m'atteignaient pas personnellement, je pouvais garder le silence. Mais on est allé plus loin.

M. Boulay de la Meurthe, notre honorable collègue, me reprochait amicalement, il y a quelques jours, en présence de plusieurs d'entre vous, de ne pas poursuivre la solution des questions que j'ai soulevées à propos de celle du déplacement de Paris et notamment de celle si importante, si urgente à résoudre, de l'emplacement à assigner à la halle générale d'approvisionnement. — Il ajoutait que j'encourais, selon lui, une grande partie de la responsabilité morale de ce défaut de solution, qui laisse le mal s'aggraver avec une effrayante progression.

Je crois, en conséquence, devoir vous faire connaître comment j'ai été conduit à m'occuper de la halle générale, rappeler l'opinion que j'ai émise à ce sujet, dire qu'elle a été la marche de la commission, le point où elle s'est arrêtée et la force d'inertie que j'ai rencontrée dès l'instant où cette question a été a abordée par la commission.

Je saisirai cette occasion de vous exposer en même temps ma pensée sur le mouvement de déplacement de Paris, et sur les mesures à prendre pour le combattre. Je hasarderai enfin quelques observations critiques sur celles proposées dans des documents émanés des bureaux de la Préfecture de la Seine et qui ont été communiqués à plusieurs membres de la commission et à quelques uns de vous.

Lorsqu'après une longue suite d'observations, je fus amené, en 1839, à signaler, dans un rapport au Conseil Municipal, les inconvénients et les vices du système d'après lequel sont déterminés les travaux de grande voirie exécutés pour le compte de la Ville de Paris, mon but était de provoquer l'étude d'un plan d'ensemble de ces travaux dans des vues d'avenir, et de faire déterminer ensuite l'ordre d'urgence dans lequel ils devraient être exécutés.

Il me fut facile de faire comprendre que ceux, assez considérables, entrepris capricieusement jusqu'alors, pouvaient bien être des améliorations utiles pour les quartiers dans lesquels ils s'exécutaient, mais qu'ils n'avaient pas toujours ce caractère d'intérêt général d'après lequel seul ils devraient être autorisés.

J'avais et j'ai conservé la conviction, qu'une administration éclairée ne peut continuer d'opérer ainsi sans règle et sans suite, et qu'au lieu de subir les exigences d'intérêts isolés, elle ne doit avoir, à très peu d'exceptions près, d'autres guides que les besoins généraux appréciés et étudiés comme je l'ai proposé.

Or, ce n'est plus un besoin, c'est une nécessité de la dernière urgence, de réunir tous les efforts municipaux pour remédier à l'encombrement que l'activité de la circulation occasionne dans la plupart des rues du centre de Paris, et c'est en même temps un besoin de l'avenir, car la population riche fuit cet encombrement et crée de nouveaux quartiers à la suite les uns des autres à l'une des extrémités de Paris. Elle y est successivement suivie par le commerce de luxe d'abord, et bientôt par les autres branches de commerce qui tendent constamment à se rapprocher les unes des autres et à se placer à la proximité de la population riche qui leur offre le plus de ressources.

Ce mouvement de la population est désormais trop évident pour être encore nié, et il est facile de se rendre compte du préjudice qu'en éprouvent les propriétés de certains quartiers, où la population riche n'est remplacée que par la population moins aisée, et celle-ci par la population pauvre. Il est facile de se convaincre que si l'administration municipale et l'administration supérieure n'ont pas constamment en vue, dans les opérations de grande voirie, dans la création et dans l'affectation à des services publics des édifices et des monuments, de combattre cette tendance au déplacement de Paris, ou plutôt cette marche déjà si active, déjà si déplorable, qui doit laisser un jour sans vie et sans ressources les quartiers sud-est de la ville, il en résultera une perturbation générale dans la valeur des propriétés. On sera ainsi entraîné à des dépenses incalculables pour satisfaire aux besoins municipaux des nouveaux quartiers, en laissant sans affectation et sans valeur un grand nombre de maisons et de riches établissements ou monuments publics dans les quartiers abandonnés.

Le Conseil Général, frappé de cette pensée, demanda, dans sa session de 1839, qu'une commission ministérielle fût nommée, afin de rechercher les moyens d'arrêter ce déplacement et d'en prévenir les fâcheuses conséquences.

Appelé à l'honneur de siéger dans cette commission, je crus très-naïvement qu'elle allait s'occuper avec zèle, avec activité de la mission qui lui était confiée. Je considérai cette mission comme devant donner lieu à de nombreuses recherches, à une étude générale des habitudes et des besoins de toutes les classes si diverses de la population parisienne, et enfin à l'adoption en principe d'un plan général des améliorations les plus importantes à exécuter par ordre d'urgence et en vue de combattre le mal signalé.

Ces recherches, ces études, ces travaux, j'en avais indiqué la nécessité dans mon rapport du 1er août 1839. J'avais à cœur de démontrer à la commission, que le déplacement de Paris était une réalité et non point une chimère. Je voulais indiquer les causes de ce déplacement et les moyens que je croyais propres à l'arrêter.

Je pris alors le parti d'examiner chacune de ces questions dans un écrit du 30 avril 1840, destiné à être mis sous les yeux de la commission (1).

Nommée le 20 novembre 1839, elle ne fut réunie que le 11 mai 1840, pour la première fois.

Les observations générales qui y furent présentées par les membres

---

(1) J'ai d'abord examiné, dans ce travail, ce qu'est Paris dans son état actuel, et ce qu'il est appelé à être dans l'avenir sous plusieurs rapports et principalement sous celui des difficultés de la circulation au centre et de l'isolement dans lequel se trouvent placés plusieurs quartiers excentriques.

J'ai jeté un coup d'œil sur la situation particulière de chacun des 12 arrondissements et indiqué les éléments de prospérité particuliers à chacun d'eux. J'ai constaté dans un tableau statistique, par des chiffres officiels et irrécusables, le fait du déplacement de la population. J'en ai recherché et indiqué les du Conseil Général qui en font partie, suffirent à convaincre M. le Ministre de l'Intérieur (M. Remusat), qui avait bien voulu la présider, qu'il y avait, en effet, de nombreuses et graves questions à examiner dans celle dite du déplacement de Paris.

Il engagea la commission à s'en occuper avec zèle, et, après avoir divisé le travail en trois parties, savoir :

1° Constater la réalité du déplacement de Paris;

2° Rechercher les causes de ce déplacement, et les mesures propres à l'arrêter;

3° Étudier les voies et moyens pour l'exécution des mesures proposées;

Il nomma une sous-commission qui devait d'abord s'occuper de la première partie du travail, et faire son rapport en séance générale.

Cette sous-commission, dont je fais partie, s'assembla en effet, et je lui présentai, dans un tableau statistique joint à mon travail du 30 avril 1840, une réunion de renseignements authentiques, résumé d'un grand nombre de documents laborieusement recueillis, et de nature à constater de la manière la plus frappante le fait flagrant du déplacement.

Je lui fournis en outre une liste de trente-huit maisons de commerce de soieries en gros, qui ont, depuis quelques années, transporté leurs établissements du centre de Paris aux environs de la Bourse, c'est-à-dire qui se sont déplacées dans le sens du mouvement général de déplacement signalé (1).

L'examen de ces deux documents suffit à former la conviction de la sous-commission, et ils servirent exclusivement de base à un rapport qui eut pour objet de mettre en lumière les faits constatés par mes chiffres, d'en faire ressortir la preuve raisonnée de la réalité du déplacement, de démontrer que déjà le mal avait fait d'immenses progrès, et qu'on ne pouvait trop s'empresser de prendre des mesures pour l'arrêter avant qu'il ne fût réputé incurable.

Ce rapport fut présenté par M. Pérignon à la commission réunie à cet

---

principales causes, et démontré la nécessité de les combattre, de les faire disparaître, pour en détruire l'effet.

J'ai également indiqué les opérations de grande voirie les plus urgentes à entreprendre dans le même but et, pour me rendre compte des ressources que la Ville peut y appliquer annuellement, j'ai été conduit à examiner ses dépenses extraordinaires dès le commencement du siècle, sa situation financière actuelle, comparée à celle du passé et à celle de l'avenir, et enfin à émettre mon opinion sur les cas dans lesquels il peut être d'une bonne et sage administration de recourir à l'emprunt.

(1) Cette liste contient les anciennes et les nouvelles adresses des maisons de commerce déplacées, en sorte que chacun peut en vérifier l'exactitude.

effet, en séance générale au ministère de l'intérieur, et porta la plus entière conviction dans l'esprit de tous ses membres.

Il fut alors convenu que la sous-commission s'occuperait immédiatement de la seconde partie de son travail.

Elle ne tarda pas en effet à se réunir; et, comme j'avais signalé au nombre des principales causes du déplacement de Paris, l'existence au centre de Paris, de la grande halle d'approvisionnements en comestibles qui y occasionne un encombrement devenu intolérable, elle entendit d'abord sur cette question la lecture d'un mémoire du chef de bureau de la grande voirie, dans lequel il exprimait l'opinion que cette halle pouvait être agrandie et réglementée à nouveau, mais qu'elle ne devait pas être déplacée.

J'avais eu connaissance à l'avance de ce mémoire, et j'avais essayé d'en combattre les arguments et les conclusions dans un autre mémoire du 20 mars 1841, dont la sous-commission voulut bien aussi entendre la lecture.

Les opinions se trouvèrent fort divisées. Il semblait en conséquence que la discussion devait être longue, animée, intéressante, et qu'il n'y avait qu'à lui donner cours pour éclairer parfaitement cette première et importante question; mais c'est en vain que j'ai attendu une nouvelle convocation de la sous-commission; c'est en vain que quelques membres l'ont sollicitée avec moi : elle ne s'est plus réunie.

Je ne hasarderai aucune réflexion sur les influences qui sont venues subitement paralyser son zèle; mais je suis entraîné, malgré moi, à penser qu'on pourrait bien avoir raison, quand on dit que le meilleur moyen d'en finir avec une question populaire embarrassante qu'on veut ne pas résoudre, c'est de la renvoyer à l'examen d'une commission.

Le public, confiant dans cette marque apparente de bonne volonté, attend avec tant de patience le résultat du travail de cette commission, qu'il finit par oublier et la question et la commission.

On pourrait se tromper toutefois, si on comptait d'une manière absolue sur ce résultat dans cette circonstance.

Les comités qui s'étaient formés dans les arrondissements de la rive gauche de la Seine pour examiner aussi cette question, après avoir publié une brochure contenant l'indication des mesures dont ils réclamaient l'exécution, semblent, il est vrai, avoir épuisé toute leur énergie dans cette œuvre (1); mais la question du déplacement de Paris touche à trop

(1) Mémoire sur le déplacement de la population dans Paris, et sur les moyens d'y remédier, présenté par

d'intérêts les plus graves pour qu'elle puisse demeurer longtemps enterrée. Elle emprunte même un nouveau degré d'importance des fortifications de Paris, qui manqueraient en grande partie leur but, si, par suite du mouvement commencé, la Ville devait un jour s'approcher sur un point de l'enceinte continue et la dépasser.

Elle n'est d'ailleurs pas abandonnée cette question, par M. Rabusson, qui ne cesse de s'en occuper avec cette persistance de la goutte d'eau dont la chute incessante a la puissance de creuser le rocher; et quoique ses publications successives entrent dans des détails un peu fastidieux, il n'en est pas moins vrai qu'elles font impression sur les esprits qui vont au fond des choses, et prouvent qu'il a fait une étude sérieuse et profonde de cette question sous toutes ses faces.

D'un autre côté, plusieurs journaux quotidiens ont essayé de la traiter dans une suite d'articles; et quoique les idées qu'ils ont émises soient pour la plupart irréalisables, elles suffisent à tenir l'attention publique éveillée et à lui rappeler qu'une commission ministérielle est chargée depuis longtemps de l'étude de cette question (1).

---

les trois arrondissements de la rive gauche de la Seine à la commission ministérielle établie près le Ministère de l'Intérieur.

(1840.)

M. E. Chabrol de Chaméane, rapporteur.

Cette brochure, du point de vue où étaient placés ses auteurs (l'intérêt de Paris, rive gauche), est fort digne d'intérêt.

Si les propositions qu'elle renferme vont au-delà de ce que les ressources de la Ville peuvent permettre d'entreprendre de longtemps, et si toutes n'ont d'ailleurs pas assez ce caractère d'intérêt général qui doit seul les faire adopter, j'ai remarqué avec plaisir que quelques unes des opérations de voirie indiquées comme les plus urgentes, rentrent presqu'identiquement dans celles que j'avais moi-même indiquées dans mon mémoire du 30 avril 1840, comme importantes à comprendre dans un plan général des améliorations à exécuter dans Paris.

(1) La presse quotidienne tout entière approuva la formation de la commission ministérielle qui devait s'occuper de la question du déplacement de la population dans Paris.

Le journal de Paris publia en décembre 1839 plusieurs articles sur cette question.

Le journal des Débats en a entretenu le public dans ses n^os des 26 décembre 1840 et 20 avril 1841, et s'est attaché à démontrer qu'on devait s'occuper surtout de la question relative à l'emplacement à assigner à la halle générale.

Le journal le Siècle a également appelé l'attention publique sur les questions relatives au déplacement de la population.

Le Moniteur parisien y a consacré une suite d'articles signés Schmit, dans ses n^os des 13, 14, 16, 17 et 18 décembre 1841.

Il propose, non seulement l'élargissement et le redressement, sur la rive gauche, des grandes rues longitudinales ou convergentes à la rivière, l'affranchissement des ponts soumis au péage et la construction de nouveaux ponts, mais encore, la création d'une place monumentale au carrefour de la Croix-Rouge, avec une fontaine ou une statue au milieu et l'Opéra en façade sur cette place, plus la création d'un palais pour les expositions de l'industrie sur le terrain de la pépinière, à peu près inutile, du Luxembourg, etc.

Le journal Municipal, du 19 février dernier et jours précédents, va jusqu'à proposer le comblement du bras de la Seine, entre l'île Saint-Louis et le quai des Ormes pour y placer la halle, comme si ce comblement était possible sans qu'il en résultât infailliblement l'inondation d'une partie de la Ville à la moindre crue de la rivière.

Enfin, on annonce en ce moment une brochure publiée par M. Léon Delaborde, membre de la Chambre des Députés, contenant des projets d'amélioration et d'embellissement particuliers au 10e arrondissement.

Je le répète, la confiance dans laquelle on est généralement que la commission s'en occupe avec zèle, explique seule la cessation des démarches collectives qui s'étaient, il y a deux ans, préparées dans plusieurs arrondissements de Paris, pour réclamer des mesures contre la désertion de la population riche ou aisée de certains quartiers.

Mais plus on les laissera languir dans l'attente d'un remède au mal dont ils souffrent et qui s'aggrave progressivement, plus leurs plaintes seront fondées, plus elles seront générales, plus elles seront vives; et il y a peut-être quelque haute imprudence à laisser ainsi s'accumuler le mécontentement jusqu'à ce que, poussé à l'extrême, il fasse explosion.

Sans doute les questions à étudier sont difficiles, délicates; et quelque solution qu'on leur donne, elle n'aura pas pour effet de rendre immédiatement la vie et la prospérité aux quartiers souffrants. Ce ne sera que par une longue suite de mesures combinées en vue du but à atteindre que l'équilibre se rétablira, dans une certaine proportion, entre les ressources diverses des nombreux quartiers de Paris, eu égard à leur position différente par rapport au centre.

Il suffirait cependant de la résolution prise d'entrer dans cette voie salutaire et d'un commencement d'exécution par une de ces mesures importantes, comme celle du déplacement de la halle générale ou de l'affranchissement du passage sur les ponts, pour rassurer les propriétaires qui souffrent, pour les encourager à faire exécuter eux-mêmes des travaux d'amélioration, d'embellissement et de meilleure distribution dans leurs maisons; travaux qui contribueraient puissamment, il faut le dire, à retenir la population aisée qui cherche surtout dans les nouveaux quartiers des logements propres, commodément distribués et faciles à meubler.

De pareilles mesures, je me suis efforcé de le démontrer dans mon mémoire du 30 avril 1840, ne sont pas au-dessus du pouvoir et des ressources de l'administration. Il suffirait de les examiner sérieusement sans autre préoccupation que celle de l'intérêt général, pour ne rencontrer aucune difficulté insurmontable dans leur exécution. Alors déjà, on aurait arrêté la progression du mal. Il se réparerait ensuite à la longue et progressivement aussi, par le seul fait d'un emploi intelligent du fonds affecté chaque année aux travaux de grande voirie pour cause d'utilité publique.

Telles sont du moins mes convictions les plus intimes. Elles sont celles de plusieurs d'entre vous, qui ont bien voulu s'associer à mes efforts pour faire comprendre à l'administration municipale, qu'elle avait tout au moins le devoir d'étudier mes propositions ; car, c'est par suite de la force d'inertie, au moyen de laquelle seule elle semblait être résolue à les combattre, que le Conseil Général demanda, en 1839, ainsi que je l'ai dit, la formation d'une commission ministérielle ayant mission de rechercher les moyens de prévenir la perturbation dont la ville de Paris est menacée, par le fait avéré de la marche de sa population vers le nord-ouest.

On a vu par ce qui précède quels ont été jusqu'ici les travaux de cette commission, et c'est parce que je ne puis pénétrer complètement la fatale influence qui la paralyse, et parce que je commence à craindre, je le répète, que sa formation n'ait été qu'un leurre, dont je deviendrais complice si je gardais plus longtemps le silence sur son inaction, que je me crois obligé en conscience de venir vous déclarer qu'elle ne se réunit plus depuis un an.

Je dois dire toutefois, qu'on s'est excusé de ne pas réunir la commission sur ce qu'il était nécessaire d'attendre la communication d'un projet de halle générale que l'administration municipale faisait étudier; mais j'avoue que cette excuse me semble d'autant plus inadmissible, qu'avant de se livrer utilement à cette étude, il était essentiel, il était indispensable que la grave question de l'emplacement que devra occuper cette halle fût préalablement discutée et résolue.

Au surplus, ce projet, toujours annoncé comme prêt à paraître, n'est jamais présenté, et je doute même qu'on s'en soit sérieusement occupé. Si on se prévaut de celui indiqué dans un travail de M. Hourdequin, qui date du commencement de 1841, et que j'ai combattu de toutes mes forces dans un écrit du 20 mars de la même année, je déclare persister fermement dans l'opinion que j'ai émise : c'est que l'exécution de ce projet irait diamétralement contre le but qu'on se propose, celui d'arrêter le mouvement de déplacement de la population parisienne.

On verra mes motifs dans l'écrit que je viens de rappeler, et j'espère qu'ils seront appréciés de tous ceux qui veulent de bonne foi mettre un terme à ce déplacement.

Un autre document émané des bureaux de l'administration préfectorale, et qui traite des questions à examiner par la commission ministérielle, dans la supposition où elle sortirait enfin de sa léthargie, m'a été communiqué dernièrement.

Je l'ai lu avec attention et je m'empresse de reconnaître, qu'il jette du jour sur plusieurs de ces questions; mais il propose une foule de percements de rues nouvelles, dont la dépense serait tellement considérable, qu'il est permis de penser que son but a été d'effrayer le chef de l'administration par l'énormité de cette dépense, et de l'engager indirectement à persister dans le système actuellement suivi en fait de travaux de grande voirie.

Ici je dirai toute ma pensée. Elle n'est pas d'accuser les intentions, je les crois bonnes; mais il est évident, pour moi, qu'il y a parti pris dans l'administration, de ne rien changer au système actuellement suivi; de ne pas entrer sérieusement dans l'étude d'un plan d'ensemble des travaux de grande voirie, en vue de protéger les quartiers sud-est de la ville contre la désertion de la population aisée et commerçante de ces quartiers.

On croit, sans doute, que ce qu'on pourrait faire serait inefficace, ou que ce qu'il faudrait faire entraînerait à des dépenses exorbitantes, que l'état des finances de la Ville ne permet pas d'entreprendre; et on se dit : continuons d'administrer au jour le jour; car on ne saurait se dissimuler que c'est là le caractère distinctif de l'administration actuelle.

On a peur d'être entraîné dans la voie de l'emprunt et d'y aller trop vite, et la crainte de cet excès très dangereux, conduit à tomber dans un excès contraire infiniment pire. En effet, au lieu d'appeler l'avenir à contribuer dans une proportion modérée et basée sur des études et des raisonnements exacts, sur des données certaines, pour lui laisser toutes faites des améliorations immenses et possibles aujourd'hui, on laisse s'établir un état de choses qui rendra ces améliorations de plus en plus nécessaires, de plus en plus indispensables, et la dépense en sera tellement incalculable dans un temps plus ou moins éloigné, qu'elles deviendront impossibles, et qu'il en résultera une perturbation générale, une véritable calamité pour cet avenir dont on croit protéger les intérêts (1).

Je ne puis donner mon approbation à cette marche administrative décousue, étroite et timorée; car je suis fortement convaincu que l'administration de la ville de Paris, de cette capitale de la civilisation, doit être vue de haut et de loin dans l'avenir, et que toutes les mesures prises pour satisfaire aux intérêts actuels doivent être combinées de manière à contribuer à l'exécution d'un large ensemble, en rapport avec ce que Paris est appelé à être dans un siècle.

(1) Voir le développement de ces réflexions dans mon mémoire du 30 avril 1840, au chapitre relatif à l'emprunt.

C'est avec des idées semblables que j'ai examiné les questions sur lesquelles j'ai jusqu'ici cherché à attirer l'attention de la commission. C'est de ce même point de vue que j'examinerai plus loin les propositions contenues dans le nouveau mémoire qu'on a bien voulu me communiquer : mais c'est aussi avec cette pensée constante, qu'il s'agit d'arrêter la tendance des classes aisées de la population parisienne à quitter les quartiers sud-est et du centre de la ville, pour se porter dans les quartiers nord-ouest, qui prennent seuls une extension progressive considérable d'où résulte le déplacement de Paris.

Je partirai donc de cette base que je crois avoir bien établie par mon mémoire du 30 avril 1840, c'est que les causes évidentes, notoires, incontestables de cette sorte de migration sont principalement :

1° La difficulté de circulation, l'encombrement excessif des rues au centre de Paris, encombrement auquel contribue puissamment l'existence sur ce point, de l'apport et de la vente des approvisionnements en légumes et comestibles.

2° Le défaut de communications directes et franches de tout péage entre les extrémités sud-est et la Bourse, centre actuel du mouvement des affaires et des plaisirs.

3° Et le défaut d'appropriation aux besoins, au goût du jour, des maisons anciennement construites, leur mauvais état d'entretien pour la plupart, la distribution généralement peu commode des appartements, et le voisinage de la population indigente qui trouve en très grand nombre, dans ces maisons, de petits logements à très bas prix.

C'est, en conséquence, à faire disparaître autant que possible ces principales causes du mal, qu'il faut exclusivement s'attacher; c'est-à-dire qu'il faut, d'abord et avant tout, débarrasser le centre de Paris de l'encombrement qui entrave, qui intercepte souvent la circulation sur ce point et y compromet la sûreté publique. Il faut y opérer l'élargissement des rues et, au besoin, des percements nouveaux; il faut y exécuter tous les travaux d'assainissement et d'embellissement possibles. Il faut, que ces travaux soient entrepris sur une large échelle, poussés avec vigueur et combinés de telle sorte, qu'ils encouragent, qu'ils amènent le plus grand nombre possible de reconstructions de maisons sur ce point central. Il faut qu'ils donnent aux propriétaires cette conviction, que le seul moyen d'y ramener et d'y fixer la population riche et surtout ces brillants établissements de commerce qui s'en sont éloignés, c'est qu'ils aient à offrir à cette population, à ce commerce, dans les rues actuelles élargies et assainies et dans des rues nouvelles bien bâties, des appartements distribués commodément, élégamment, au goût du jour, et des magasins disposés selon les exigences du commerce.

Il suffira, j'en suis convaincu, que l'administration ait donné l'impulsion par des travaux indiquant qu'elle veut la régénération du centre de Paris, pour obtenir bientôt ce concours des propriétaires et pour voir cette régénération s'opérer en peu d'années.

C'est donc, je le répète, sur ce point qu'elle doit d'abord concentrer tous ses efforts, et personne ne sera fondé à s'en plaindre, car les quartiers du nord-ouest, où on a porté les embellissements jusqu'au luxe des dorures sur les places publiques, seraient mal venus à ne pas s'en contenter et à en exiger davantage en ce moment. D'un autre côté, rien ne saurait être fait dans les quartiers sud-est qui leur soit plus utile et plus profitable, que ce qui aura pour but de rendre la circulation libre au centre, et d'y ramener la vie, la prospérité et le mouvement des affaires plus à leur proximité.

Il est aisé de comprendre, en effet, que la répartition des travaux de grande voirie sur des points isolés de tous les quartiers où ils peuvent être d'une grande utilité, sont cependant sans résultat efficace contre le déplacement de Paris, qui ne peut être arrêté que par des efforts réunis, par un ensemble de grandes mesures, combinées dans ce but et exécutées avec suite.

Ce serait se faire illusion, si on croyait que cette activité commerciale si enviée, peut se porter tout-à-coup du nord au midi, de la Bourse au Panthéon. Sa marche rétrograde, ou plutôt son extension dans une direction opposée à celle qu'elle suit, ne peut s'établir que de proche en proche, et il faut l'attirer d'abord dans le 4e arrondissement, pour qu'elle puisse arriver plus tard dans les arrondissements du sud et de l'est.

Je reconnais toutefois, qu'il est des points isolés qui réclament des améliorations urgentes que je n'entends pas exclure d'une manière absolue; mais je persiste à penser que la plupart de ces améliorations partielles, qui ne peuvent avoir aucune influence sur le mouvement rétrograde à imprimer à la marche de la population riche pour la ramener au centre, doivent être ajournées jusqu'à ce que, procédant de proche en proche, on soit arrivé aux points où elles doivent être exécutées.

Il ne faut d'ailleurs pas perdre de vue, l'ordre dans lequel j'ai placé les causes du fâcheux état de choses auquel il s'agit de remédier.

Le défaut de communications directes et faciles entre les quartiers sud-est et le centre, vient immédiatement après le déplorable encombrement de ce centre, l'étroitesse et la tortuosité de ses rues et l'ignoble état de ses constructions.

Pour procéder logiquement, il sera donc nécessaire, après avoir combattu la cause première, la cause capitale du mal, qu'on passe immédiatement à la cause secondaire, c'est-à-dire qu'après avoir régénéré le centre, on s'occupe de le mettre en rapport facile et commode avec les extrémités qui en sont séparées tant par les ponts à péage sur la Seine, que faute de voies publiques suffisamment larges ou suffisamment directes.

C'est alors qu'on sera arrivé à cette seconde partie de la régénération du vieux Paris et des quartiers excentriques, que les améliorations particulières aux différentes localités se trouveront liées à l'intérêt général, et devront être exécutées dans la mesure des ressources financières de la Ville.

C'est alors enfin que le moment sera venu, s'il ne l'est déjà, pour chaque propriétaire, de réparer, de mieux distribuer, de reconstruire au besoin sa maison au goût du jour, s'il veut qu'elle soit habitée.

Voilà l'ordre dans lequel il me semble rationnel, logique, d'entreprendre la grande tâche que je propose et qui peut s'accomplir, si l'administration veut la faire étudier par des hommes éclairés et dégagés de toute espèce de préoccupation, de spéculation ou d'intérêt particulier.

L'administration seule a les moyens de procéder à cette étude, et de faire dresser, suivant le système que je propose, un plan sérieux et exécutable des améliorations dont j'ai démontré l'ordre d'urgence et la nécessité.

J'ai indiqué, dans mon Mémoire du 30 avril 1840, celles que je jugeais être d'un intérêt général en dehors de celles à exécuter d'abord dans les halles.

Celles-ci pourront sans doute donner lieu à une dépense considérable dont le chiffre même approximatif ne saurait être déterminé qu'après une étude approfondie des alignements à exécuter par voie d'expropriation, des nouveaux percements à faire et des autres travaux d'assainissement, de reconstruction et d'embellissement. Quant aux autres, je persiste dans l'opinion qu'on peut obtenir d'immenses résultats en se bornant à l'exécution prochaine des plus urgentes, et j'ai démontré encore, dans l'écrit que je viens de rappeler, que la position financière de la Ville de Paris permettait de les entreprendre en appelant l'avenir à concourir équitablement à leur dépense, et avec la certitude de lui léguer, malgré ce concours, une position infiniment préférable à celle de la génération présente, au lieu d'embarras inextricables que lui prépare le système actuellement suivi.

Voyons maintenant quelles sont, à côté de mes propositions, celles qui se sont produites depuis que j'ai provoqué, par mon rapport du 1er août 1839, l'étude d'un plan d'ensemble des travaux de grande voirie pour lesquels le Conseil Municipal met annuellement plusieurs millions à la disposition du Préfet.

Je ne parlerai pas de celles si radicales, publiées par M. Rabusson. On sait qu'elles sont bien plus envisagées par lui sous le point de vue national que sous le point de vue municipal, et que, dès lors, ne se préoccupant pas des moyens d'exécution, qui ne manquent jamais à une grande nation quand elle sent le besoin de satisfaire à un intérêt de premier ordre, il n'est jamais arrêté dans ses magnifiques projets par la limite des ressources à y employer. Cela est vrai à ce point, qu'il n'hésite pas à proposer une extension considérable à la ligne des fortifications du côté de l'est, extension peut-être désirable, mais dont la dépense serait tellement énorme, qu'elle serait de nature à porter pour longtemps la perturbation dans les finances de l'État.

Un premier mémoire émané des bureaux de la préfecture et qui fut communiqué à la commission ministérielle peu de temps après sa formation, indique de nombreux travaux de grande voirie à exécuter dans Paris, et en évalue la dépense à 125,000,000 fr. Mais ce mémoire m'a paru rédigé sous la préoccupation de cette pensée : que chaque localité allait s'adresser à la commission pour lui signaler ceux de ces travaux qu'elle aurait à réclamer, et qu'il était bon que l'administration prît les devants pour en reconnaître l'utilité, afin de démontrer qu'elle s'occupait de tous les intérêts, et que si elle n'y donnait pas satisfaction, c'est que les besoins étaient trop considérables et qu'elle manquait de ressources pour subvenir aux dépenses à faire.

Aussi, dans ce premier document, s'est-on étendu avec une sorte de complaisance à des améliorations de deuxième, de troisième et peut-être de quatrième ordre, sans prévoir quelques-uns des travaux les plus urgents et les plus susceptibles de contribuer à arrêter le déplacement de la Ville.

Je me bornerai donc à appeler votre attention sur les propositions contenues dans le second mémoire émané de la même source et qui reproduit la plupart de celles déjà présentées dans le premier.

TRAVAUX EXTRAORDINAIRES DE GRANDE VOIRIE.

Je ferai remarquer d'abord que le système de l'auteur de ces mémoires, à l'égard de ces travaux, est en opposition manifeste avec le mien en ce que d'une part, au lieu de procéder du centre aux extrémités, il semble, au contraire, vouloir qu'on opère des extrémités au centre ; et en ce que, d'autre part, au lieu de placer exclusivement en première ligne les communications à élargir ou à établir dans ce sens, il y mêle comme aussi essentiels, comme non moins urgents, des projets nombreux de percements de nouvelles rues destinées à établir des communications directes entre les extrémités d'une même rive de la Seine.

A l'égard du premier point, il se fonde sur ce que les routes qui aboutissent aux principales barrières de Paris ne pénètrent pas assez avant dans la ville, et sur ce que le roulage portant des marchandises en transit ne peut souvent la traverser qu'en faisant de nombreux détours.

Sur le second point, il fait cette réflexion : qu'il n'y a aucune relation entre les quartiers Saint-Victor et Saint-Germain, ou pour me faire mieux comprendre, entre le faubourg Saint-Marceau et le faubourg Saint-Germain.

Ce sont, ajoute-t-il, comme des villes tout-à-fait distinctes, parce qu'il n'y a entre ces faubourgs aucune route facilement praticable qui les mette en communication.

Examinons ces deux points et d'abord celui-ci : Les routes ne pénètrent pas assez avant dans Paris et ne le traversent pas assez directement.

Si c'est là le mal auquel on veut remédier, il est évident, comme je l'ai dit, qu'on devra procéder de la circonférence au centre. Mais, en supposant exécutable ce prolongement direct des routes vers le centre de Paris et en le supposant à moitié exécuté, ce qui coûterait déjà nombre de millions, quel en serait le résultat ?

Il me semble qu'on aurait ainsi amené les établissements de roulage à quitter les quartiers excentriques pour lesquels ils sont une ressource, et à les rapprocher du centre où ils viendraient accroître l'encombrement déjà insupportable, en y attirant la circulation des voitures du roulage, circulation si incommode, si dangereuse, au milieu de celle déjà si multipliée, si active, si rapide des autres voitures de toute espèce.

Mais ce ne serait là, me répondra-t-on peut-être, qu'un état transitoire qui disparaîtrait après l'exécution complète du système, c'est-à-dire, quand ces grandes routes traverseront entièrement Paris dans tous les sens.

Les grandes routes traversant Paris directement, dans tous les sens; mais a-t-on bien réfléchi qu'alors elles se rapprocheraient, elles se croiseraient au centre en si grand nombre que, pour éviter un encombrement intolérable, il serait absolument nécessaire d'y faire une place d'une étendue au moins égale à celle du champ de Mars, lorsqu'au contraire, l'auteur de ce projet propose de maintenir la grande halle sur le lieu même où il dirigerait toutes ces routes.

J'avoue que cela me semble tellement inconciliable et d'ailleurs tellement inexécutable en raison de la dépense exorbitante qui en résulterait, que je crois inutile de chercher à démontrer que de pareils projets ne peuvent pas être sérieux. Si, par impossible, l'administration s'y arrêtait, elle irait directement contre le but qu'on se propose, celui de dégager ce point de Paris.

Quand je demande qu'une fois ce dégagement opéré, on mette le centre en communication facile avec les quartiers sud-est de la ville, ce n'est pas en vue de faciliter le roulage à travers le milieu de Paris, ce n'est pas dans l'intérêt du transit qui n'a pas l'importance qu'on lui accorde, et qu'il est d'ailleurs bien préférable de diriger d'une extrémité à l'autre par des voies excentriques; ce n'est pas pour gagner directement du point central telle ou telle barrière, mais pour que la vie surabondante au centre s'étende vers les quartiers excentriques. Voilà pourquoi je propose de procéder progressivement du centre à la circonférence et non de la circonférence au centre.

Nous sommes donc complètement en désaccord sur ce premier point.

Quant au second point, je ne nie pas l'utilité des percements de rues proposés au nombre de sept entre le faubourg Saint-Germain et le faubourg Saint-Marceau; mais je soutiens que l'intérêt qu'ont chacun de ces points à être mis en communication libre et facile avec le centre, est incomparablement plus grand que celui qu'ils peuvent avoir à être reliés entre eux par de nouvelles rues.

Peut-on douter, en effet, qu'un habitant du faubourg Saint-Germain éprouve vingt fois, cent fois peut-être, le besoin de se rendre aux environs de la Bourse, avant d'être appelé une seule fois par ses affaires dans les faubourgs Saint-Marceau ou Saint-Jacques, et qu'il en soit de même des habitants de ces derniers faubourgs par rapport au faubourg Saint-Germain?

Il y a donc vingt fois, cent fois plus d'intérêt pour ces quartiers, à ce qu'on améliore leurs voies de communication avec le cœur de Paris, qu'à leur ouvrir des rues entre eux. Ils ne peuvent puiser la vie que là où est la vie; ils ne peuvent se la communiquer sans l'avoir d'abord reçue; et si on veut la leur faire arriver plus facilement, plus également, comme la sève monte de la souche de l'arbre dans chacune de ses branches, il faut, avant tout, la ramener des environs de la Bourse au véritable centre de la ville.

Ce n'est qu'ensuite de ces deux résultats essentiels obtenus, qu'il pourra être utile encore d'établir entre les divers quartiers excentriques des voies de circulation non sans intérêt, mais qui néanmoins ne devraient figurer sur un plan général des travaux de grande voirie qu'en second ou troisième ordre, et pour n'être exécutées, plus tard, qu'avec les ressources ordinaires affectées annuellement à ces sortes de travaux.

PROLONGEMENT DE LA RUE DE RIVOLI.

Il est juste de dire que l'auteur du mémoire du 14 mai 1841, venant, après ces réflexions générales, à formuler des propositions, présente en premier ordre et préalablement à tout, comme une opération importante, essentielle et destinée à servir de grande base à la circulation générale, la création au centre de Paris, dans la direction de l'est à l'ouest, d'une grande voie en prolongement des rues du Faubourg-Saint-Antoine et Saint-Antoine, et se reliant à la rue de Rivoli et à la rue Saint-Honoré par la place du Palais-Royal (1).

Je n'ai rien à objecter contre le nouveau tracé de cette grande rue depuis longtemps projetée, de la place de la Bastille au Louvre, dans la direction de l'axe de ce monument. Je crois le nouveau tracé bien préférable à ce dernier, en ce sens qu'il est moins rapproché de la ligne des quais, et forme moins double emploi avec elle, et en ce qu'au lieu d'aboutir sur un monument qui ne lui laisserait point de continuation directe vers l'ouest, il aura, au contraire, l'avantage de trouver une double et très belle issue, dans cette direction, par les rues de Rivoli et Saint-Honoré.

Je l'approuve enfin, parce qu'il vient faciliter la traversée de la partie des 7e, 6e et 4e arrondissements les plus privés d'air et de grandes voies

(1) Je ne crois pas possible, dit l'auteur du mémoire, de placer ailleurs cette ligne principale ; car il n'en existe pas une dans cette direction qui soit plus centrale, plus étendue, qui touche plus de populations et d'intérêts et qui soit plus facile à faire. Elle traverse Paris dans sa plus grande longueur, au milieu des quartiers les plus peuplés; elle n'est arrêtée dans son parcours par aucun monument public ; elle en dégage plusieurs, et sur une longueur générale d'environ 8,000 mètres qu'elle parcourt, il n'y en a plus que 1,500 à faire.

publiques dans cette direction; parce que, indépendamment de sa grande et incontestable utilité sous le rapport de la circulation, il doit contribuer puissamment à la régénération de ces quartiers du centre, régénération que j'appelle de tous mes vœux, comme le moyen le plus efficace d'y attirer la population commerçante et d'arrêter sa marche vers la Chaussée-d'Antin.

Je rappellerai seulement l'opinion que j'ai émise à l'égard de ce projet, dans mon Mémoire spécial à la halle (1), c'est qu'on n'atteindra ce double but qu'au moyen du déplacement de la halle.

Je crains d'ailleurs que l'exécution si désirable, dans un intérêt national plus encore que municipal, du projet dont il s'agit et que j'ai appelé pour cela *extra-municipal*, ne soit longtemps encore ajournée, à cause de la difficulté d'obtenir un large concours du Trésor. Sans ce concours, la dépense absorberait à elle seule une grande partie des ressources que la Ville peut affecter aux travaux urgents de grande voirie (2). Toutefois c'est là une de ces opérations pour lesquelles il peut être d'une sage admi-

---

(1) Quant à la rue Louis-Philippe projetée, disais-je dans ce mémoire en date du 20 mars 1841, vous la rendez impossible avec le voisinage de la halle, je m'explique :

Je ne comprends l'exécution de cette rue que par une compagnie qui aurait des capitaux suffisants pour acquérir à l'avance, non-seulement les propriétés sur le sol desquelles devrait s'établir le passage de cette rue, mais encore toutes celles en bordure à une certaine profondeur.

Ce n'est effectivement que par une spéculation calculée sur la plus-value de ces propriétés reconstruites monumentalement sur la nouvelle rue, qu'on pourrait diminuer le chiffre effrayant qu'elle coûterait dans tout autre système. Mais pour que cette spéculation soit avantageuse, pour qu'elle puisse tenter des entrepreneurs et réunir des capitaux, il faut avoir la certitude que la population riche viendra habiter cette rue; car ce ne sont pas apparemment des logements de malheureux qu'on voudra disposer dans des constructions monumentales.

Eh bien, je ne crains pas d'affirmer que les capitalistes sont trop intelligents pour ne pas voir qu'il est impossible d'espérer que la rue monumentale, dans le voisinage des halles, puisse être habitée par la population riche.

N'est-il pas, en effet, trop évident que les charrettes qui se rendent à la halle pendant la nuit, ne cesseront de circuler dans cette rue, et n'y laisseront pas un moment de repos possible?

Qui donc voudra d'ailleurs s'exposer à venir en équipage, couper la file de ces charrettes, pour rentrer après minuit d'une soirée, d'un bal ou du spectacle?

Qui enfin, dans le grand monde, voudra se mettre en contact immédiat avec la population des halles, à laquelle une grande partie des hôtels ou des maisons de cette rue seront adossés?

Poser ces questions, c'est les résoudre.

Aussi, suis-je bien convaincu, que s'il s'agissait de traiter de l'exécution de la rue Louis-Philippe avec une compagnie, il y aurait une différence énorme, une différence qui se calculerait par millions, dans la subvention qu'elle demanderait, au cas de la conservation de la halle, ou dans celui de son déplacement.

Or, je ne doute pas que l'exécution de la rue Louis-Philippe, à laquelle le gouvernement a un intérêt de plus en plus apprécié, n'ait lieu un jour, et que la Ville ne soit amenée à y contribuer par des subventions. Dans ce cas, le maintien de la halle dans le 4e arrondissement pourrait coûter des sommes immenses à la ville de Paris.

C'est à de pareils résultats qu'on est conduit quand on traite isolément chaque question, lorsqu'il s'agit de l'avenir de cette grande ville.

Je ne saurais trop le redire, la pratique de ce fâcheux système fait que l'amélioration de la veille rend plus coûteuse celle du lendemain, et quelquefois la rend impossible.

(2) Une proposition sérieuse a été faite à l'administration par une réunion de riches capitalistes, d'ouvrir et de construire monumentalement la rue Louis-Philippe en faisant toutes les avances de la dépense, rem-

BIBLIOTHÈQUE ROYALE

nistration de grever l'avenir; car si son exécution est réclamée par les besoins actuels, on ne saurait douter que la loi de la plus extrême nécessité ne l'impose assez prochainement à la génération qui nous suit. Alors, au lieu d'avoir à supporter une partie de la dépense, cette génération aura à subvenir à cette dépense tout entière, qui se sera peut-être accrue dans une proportion très considérable par le seul fait de la dépréciation du signe monétaire, et peut-être dans une proportion incalculable, par suite des conséquences de la création des chemins de fer.

RIVE GAUCHE.

Après avoir exposé tout l'intérêt qu'il y aurait à réaliser d'abord le projet de cette rue principale, l'auteur du mémoire passe immédiatement à ses propositions d'amélioration des quartiers de la rive gauche. Il explique que l'état du sol y présente de graves difficultés qu'il s'attache à surmonter, et indique les percements de rues qu'il croit essentiel d'y opérer :

1° Une rue A partant du carrefour de la Croix-Rouge et aboutissant à la rue des Fossés-Saint-Victor, à la hauteur de la rue Clovis.

L'exécution de cette rue, qui ne me paraît avoir qu'une utilité de troisième ou de quatrième ordre, semble d'ailleurs présenter de grandes difficultés d'exécution; car, tracée en ligne directe, elle passerait diagonalement sur la place Saint-Sulpice, emporterait l'une des tours de l'église de ce nom, traverserait le bâtiment de l'Odéon, et entraînerait à la démolition de l'église de Sainte-Geneviève.

Je n'entends nullement insinuer cependant qu'on ait jamais songé à sacrifier ces édifices à ce percement, mais il faudrait alors ou briser plusieurs fois la ligne pour éviter de les atteindre, et mieux vaudrait peut-être, dans ce cas, se borner à élargir la rue des Grès, avec laquelle elle ferait double emploi, et la prolonger jusqu'à la rue de M.-le-Prince, en face la rue de Vaugirard.

2° Une rue B partant également de la Croix-Rouge et venant aboutir au quai de la Tournelle, vis-à-vis le pont de ce nom.

On ne saurait nier l'utilité d'une voie continue dans cette direction; mais comme son exécution en ligne directe serait également impossible, qu'elle atteindrait le marché Saint-Germain et l'École-de-Médecine, il

---

boursable par annuités réparties sur un grand nombre d'années. Cette proposition n'était sans doute pas acceptable, puisqu'elle n'a pas été soumise au Conseil Municipal.

Il me semble toutefois, qu'elle offrait assez d'intérêt pour lui être au moins communiquée officieusement.

J'ajouterai qu'il y a même des exemples de projets soumis officiellement aux délibérations du Conseil Municipal par un mémoire qui concluait au rejet, et certes il s'agissait de projets moins importants et moins intéressants.

semblerait bien préférable de rattacher cette rue d'abord à celles du Vieux-Colombier, du Petit-Bourbon, du Petit-Lion, et plus loin à celles des Noyers et même à une partie des rues de l'École-de-Médecine et des Mathurins, car elle ne ferait que doubler ces rues dans une grande partie de leur parcours.

3° Un prolongement direct de la rue de Vaugirard, de l'angle de la rue Férou, à la place de l'École-de-Médecine.

L'intérêt de ce percement me semble n'être nullement en rapport avec la dépense à laquelle il entraînerait, et me paraît d'ailleurs impraticable en raison de la déclivité très grande qu'il rencontrerait sur l'emplacement du château d'eau de l'École de Médecine.

4° Une rue C partant encore du carrefour de la Croix-Rouge, en direction du Pont-Neuf.

Frappé de l'urgence qu'il y aurait à bifurquer la voie publique à la descente du Pont-Neuf pour soulager la rue Dauphine, où l'extrême activité de la circulation compromet souvent la sûreté publique, j'ai proposé moi-même, dans mon mémoire du 30 avril 1840, l'élargissement de la rue de Nevers et son prolongement jusqu'à la rue de Seine, vis-à-vis celle de l'Université.

Je reconnais également toute l'utilité qu'il y aurait à élargir la rue du Four-Saint-Germain ou à opérer un percement qui permît à la circulation, aussi très active dans cette rue, de se diviser. La rue C étant proposée dans les mêmes vues, est très bonne à être étudiée; mais elle ne saurait être exécutée telle qu'elle est indiquée, puisqu'elle traverserait l'église Saint-Germain-des-Prés.

5° Une rue D de la place Saint-Michel à la rue des Noyers, ou à la rue A près la rue Saint-Jacques.

Elle ne serait utile qu'autant que la pente en serait moindre que celle des rues Saint-Jacques et de La Harpe, ce que je n'ai pu vérifier.

6° Une rue E ayant son extrémité au coin de la rue du Banquier et de la rue Mouffetard, descendant par une courbe jusqu'à l'amphithéâtre d'anatomie et remontant, en décrivant deux courbes dans un sens opposé l'un à l'autre, jusqu'à la rue des Fossés-Saint-Victor, au point où aboutirait la rue A qui lui ferait suite.

Cette rue nouvelle qui donnerait le moyen, qui n'existe pas actuellement, de franchir facilement le bassin de la Bièvre, serait certainement utile; mais je redoute les difficultés d'exécution pour lui donner une pente bien praticable, et la dépense me paraît devoir être considérable. Je ne crois d'ailleurs pas à l'impossibilité de lui donner un tracé tout aussi utile et moins dispendieux.

7° Une rue F de la place du Pont-Saint-Michel à la rue Descartes.

Un percement dans cette direction serait extrêmement désirable, s'il pouvait s'opérer avec une pente praticable aux voitures.

Il suffirait de le faire arriver à l'angle des rues de La Harpe et Saint-Séverin, pour suivre de là, la rue de la Vieille-Bouclerie qui est, à peu de chose près, dans la même direction.

Telles sont les propositions de percements de rues sur la rive gauche de la Seine, que renferme le mémoire que j'examine et dont voici le résumé :

Le développement en longueur de ces rues serait d'environ 5,000^{m}, leur largeur moyenne devant être de 13^{m}, la superficie à acquérir serait de 65,000^{m}; ce serait donc une dépense d'environ 40,000,000 fr.

ILES DE LA SEINE.

On propose le prolongement de la rue Constantine jusqu'au quai, ce qui est sans doute fort désirable; mais on propose en outre le tracé d'une rue en prolongement de la rue Saint-Louis-en-l'Ile, sur les terrains de l'ancienne île Louviers, ce que je ne puis approuver.

La séparation de ces terrains en deux zônes longitudinales, dont une seule se trouverait en communication directe avec le quai et le port, aurait, ce me semble, de graves inconvénients.

Elle enlèverait à la zône séparée du quai une grande partie de sa valeur vénale; car cette séparation la rendrait impropre à recevoir des entrepôts de marchandises qui ne sauraient être à une trop grande proximité du port de débarquement. Elle ne laisserait pas à l'autre zône une largeur suffisante pour y asseoir les établissements commerciaux que doit y attirer le voisinage de ce port, c'est-à-dire, pour y construire de vastes magasins et y réserver de grandes cours nécessaires au mouvement des marchandises.

Il me semble cependant d'autant plus utile de conserver, à cet effet, le terrain dans toute sa largeur, qu'il importe d'attirer dans cette localité la plupart des dépôts de marchandises encombrantes arrivant par eau, pour éviter les embarras qu'occasionnent fréquemment le transport de ces marchandises dans les rues des quartiers populeux.

RIVE DROITE.

On propose de relier les rues de Londres et Lafayette par une nouvelle rue A.

J'en vois d'autant moins la nécessité, que cette nouvelle rue ne ferait que doubler les rues Saint-Lazare, Coquenard et Montholon.

Un branchement qui prolongerait cette nouvelle rue du point où elle aboutirait rue du Faubourg-Poissonnière, au coin de la rue Lafayette ou Chabrol, pour gagner la rue Neuve-Saint-Nicolas à son débouché sur la rue du Faubourg-Saint-Martin, me semble tout aussi peu utile.

La proposition de percer une rue sur le tracé du boulevart Malesherbes projeté, se comprendrait mieux, si l'exécution de ce projet n'était pas de nature à attirer de plus en plus la population dans un quartier qu'elle ne recherche que trop, et si par conséquent il n'était contraire au but qu'on se propose.

Je ne ferais nulle difficulté cependant d'admettre ce projet de percement sur un plan d'ensemble des travaux de grande voirie, pour être exécuté à son tour d'urgence.

Le prolongement de la rue Charonne à la place de la Bastille ne me paraît pas non plus avoir une utilité de premier ordre.

Le tracé sous la lettre F d'une rue à ouvrir en prolongement de celle de Bretagne, au Marais, jusqu'à la rue Montmartre, en face la rue Joquelet, pourrait être d'une grande importance et mérite d'être sérieusement étudié.

Celui sous la lettre C, de Biragues à la rue de Paradis, au Marais, n'est pas non plus sans intérêt, et pourrait s'opérer sans grandes difficultés après l'évacuation de la prison de la Force.

Enfin, un dernier percement sur la rive droite est indiqué d'un point pris à l'angle de la rue Montmartre et J.-J. Rousseau, et descendant perpendiculairement par la rue du Four-Saint-Honoré à la rue, en prolongement de celle de Rivoli, entre les rues de la Monnaie et de l'Arbre-Sec.

La proposition de ce percement est diamétralement opposée aux raisonnements par lesquels l'auteur du Mémoire a démontré très clairement que le Pont-Neuf étant trop chargé de circulation, toutes les combinaisons de voirie devaient tendre à diviser cette circulation, pour en faire reporter une partie sur d'autres points.

Or, est-il une rue dans Paris où la circulation soit plus active que dans la rue Montmartre ; et si cette circulation, qui semble se diriger plus naturellement vers le Pont-au-Change, assez large pour la recevoir sans inconvénient, est dirigé sur le Pont-Neuf, n'en résultera-t-il pas, de la manière la plus fâcheuse, la plus grave, l'inconvénient qu'on semblait vouloir éviter? On répondra, sans aucun doute, affirmativement à cette question. Il importe donc d'examiner comment on a été conduit à cette grosse contradiction.

Il est facile de se l'expliquer : c'est que l'auteur du mémoire du 14 mai 1841 est aussi l'auteur d'un mémoire par lequel il propose de tracer le périmètre de la halle générale sur l'emplacement des halles actuelles ; c'est-à-dire au débouché de la rue Montmartre à la Pointe-Saint-Eustache, et qu'il a bien compris que, la halle une fois assise sur cet emplacement, il n'y avait plus de débouché libre sur ce point pour ces doubles et triples files de voitures qui se croisent dans cette rue, et pour les flots de population qui la remplissent constamment. De là la nécessité de leur ouvrir un débouché nouveau, et de surcharger sans mesure le point qu'on avait désiré soulager.

Ce fait ne suffirait-il pas à lui seul pour condamner à tout jamais le projet de construire la halle générale sur ce point?

Quoi qu'il en soit, je ne saurais trop faire remarquer à tous ceux qui hésitent encore, que les relations entre la Bourse, entre le centre d'activité des affaires et les 11e, 12e et 9e arrondissements tout entiers, et plusieurs quartiers des 8e, 7e, 6e et 4e arrondissements, n'ont lieu et ne peuvent avoir lieu qu'en traversant l'emplacement des halles pour gagner la rue Montmartre. Or, on veut sérieusement rendre ces relations possibles, faciles, ou on ne le veut pas.

Dans le premier cas, il faut, à tout prix, dégager ce point et prolonger directement la rue Montmartre jusqu'au quai.

Dans le cas contraire, interceptez encore davantage ce passage si essentiel, adoptez le projet qu'on vous propose d'y placer la halle générale, et vous aurez fait, à jamais, des quartiers et des arrondissements que je viens de citer, de pauvres faubourgs qui partageront bien encore les charges de la cité, mais qui n'en recueilleront que les misères.

Et qu'on ne croie pas que ces réflexions me sont suggérées par l'esprit de quartier.

C'est du point de vue de l'intérêt général et de l'avenir de Paris tout entier, que j'ai constamment envisagé toutes les questions sur lesquelles j'ai émis une opinion. C'est que je suis très fortement pénétré de cette pensée, que l'intérêt municipal, l'intérêt général, l'intérêt politique, exigent également dans l'état de nos mœurs que toutes les classes de la population demeurent répandues et confondues, en quelque sorte, dans tous les quartiers de Paris. Oui, je le dis avec conviction, le jour où nous aurons laissé administrer de telle sorte que ces classes se seront séparées, que nous aurons des quartiers aristocratiques et des quartiers prolétaires, des quartiers de financiers et des quartiers d'indigents, et, par suite, des compagnies de garde nationale en gants jaunes et en bottes vernies et d'autres aux mains calleuses, nous aurons détruit la base essentielle de l'ordre public et préparé d'effroyables calamités à notre pays.

Je m'arrête et préfère abandonner cette pensée à vos plus sérieuses réflexions, plutôt que de lui donner un développement inopportun.

Je reviens au mémoire qui, bornant ses propositions d'ouverture de nouvelles rues sur la rive droite de la Seine à celles que j'ai indiquées, en évalue la dépense à 60 millions.

Il ajoute que la dépense probable de l'élargissement nécessaire de plusieurs rues perpendiculaires à la Seine sur les deux rives, peut être estimée à 40 millions, ce qui, avec 40 autres millions pour les percements de la rive gauche, laisserait prévoir une dépense totale de 140 millions.

CONCOURS DE L'ÉTAT.

L'énormité de cette somme conduit l'auteur du mémoire à reconnaître que la ville de Paris serait à peu près dans l'impossibilité d'y faire face, alors même qu'elle engagerait l'avenir.

Il établit que les travaux dont il s'agit ne sont pas seulement propres à la ville de Paris et demandés dans son intérêt exclusif; qu'ils répondent, au contraire, à des nécessités générales; qu'ils ont pour objet de compléter des routes royales qui ne se prolongent pas jusqu'à leur véritable destination, de créer de grandes voies de transit commercial et militaire; qu'ils sont en grande partie la conséquence des fortifications de Paris; qu'ils en sont un complément nécessaire, et il en conclut, avec raison, que la Ville serait parfaitement fondée à réclamer le concours de l'État dans la dépense de ces travaux.

Je ne puis que partager cette opinion que j'appuierais au besoin sur d'autres considérations non moins puissantes, et notamment sur celles de ne pas laisser se créer des causes de désordre et de bouleversement au siége du gouvernement, dans une capitale dont les moindres mouvements de trouble ont une si grande influence sur le repos de la France entière.

Seulement, il ne faut pas que les administrateurs de cette grande cité se fassent illusion sur la possibilité d'obtenir prochainement ce concours du vote des chambres. Qui ne sait que la plupart des députés, oubliant la fable des membres et de l'estomac, se montrent jaloux de la prospérité de Paris. Ils en jugent par le luxe qu'une population riche vient y étaler pendant une partie de l'année et par les grands travaux qui s'y exécutent. *Ils ne se rendent pas compte, qu'à côté de ce luxe se cache une profonde misère et que le nombre des indigents y est en moyenne de un sur quinze individus, et, dans certains arrondissements, de un sur sept.*

Ils paraissent ne pas savoir, que la source presque unique des finances de Paris est dans les sacrifices imposés à ses habitants de toutes les classes, dans les produits des droits de consommation excessifs qu'ils supportent avec résignation. Il faudra bien du temps encore pour éclairer à cet égard des esprits prévenus et pour les convaincre que tout ce qui est fait à Paris avec discernement profite à toute la France.

En attendant, c'est à nous d'insister pour obtenir d'abord qu'un plan d'ensemble des travaux à exécuter soit sérieusement étudié, afin de démontrer plus facilement, que la plupart de ces travaux intéressent fortement l'État et qu'il doit y concourir ; mais aussi, afin qu'à défaut de ce concours, la Ville puisse faire les plus urgents dans la limite de ses ressources.

PLAN GÉNÉRAL D'AMÉLIORATION D'AVENIR.

Après avoir démontré la justice du concours de l'État dans la dépense des travaux d'amélioration de grande voirie dans Paris, l'auteur du mémoire déclare franchement cette fois, et je l'en remercie, « *que la nécessité* » *d'un plan général des améliorations d'avenir ne saurait être mis en doute;* » puis il ajoute : « Il ne faut pas seulement que ce plan soit projeté, il faut » qu'il soit définitivement arrêté pour que successivement on l'exécute, » et que toujours on y rattache les améliorations de localités que l'admi- » nistration ou des entreprises particulières pourraient vouloir faire. »

Toutefois, il explique ensuite que, pour obtenir cette approbation, il suffirait, aux termes de l'ordonnance royale du 23 août 1835, d'indiquer, sur le plan général, le point de départ et d'arrivée de chaque rue à ouvrir, pour le soumettre ensuite à l'enquête et en faire déclarer l'exécution d'utilité publique; sauf, au moment de cette exécution, à publier le plan parcellaire qui déterminerait rigoureusement les propriétés atteintes par le tracé, dans les parties intermédiaires.

De cette manière, conforme en tout point à la loi, le plan général pourrait être adopté comme principe, dit-il, sans affecter particulièrement aucune propriété et sans, par conséquent, causer les désordres qui peuvent résulter de l'approbation anticipée d'un plan rigoureux et de détail.

J'avoue que je me contenterais volontiers d'un plan général approuvé en principe, s'il était vrai que des tracés rigoureux portés à la connaissance du public dussent entraîner à des inconvénients de quelque gravité.

Je crois qu'à cet égard on demeure encore frappé des difficultés que présentait l'exécution d'un projet d'utilité publique, antérieurement à la loi du 7 juillet 1833. Sans doute alors, l'administration devait tenir secrets tous ses projets, sous peine de voir l'intérêt privé spéculer sur toutes les propriétés dont ces projets nécessitaient l'acquisition. Mais il n'en est plus de même aujourd'hui que les propriétaires doivent s'attendre à n'obtenir du jury qu'une indemnité de dépossession en rapport avec la valeur réelle de la propriété. Les spéculateurs n'iront donc pas acheter un immeuble au-dessus de sa valeur vénale, par cela seul qu'il pourrait être, à une époque plus ou moins éloignée mais non fixée, soumis à l'expropriation.

On ne fera non plus, qu'avec beaucoup de réserve, des constructions nouvelles sur les propriétés qui se trouveront placées dans cette position ; car on ne pourra jamais compter sur une indemnité qui laisse un grand bénéfice sur ces constructions, et cependant, si elles sont nécessaires, on pourra les faire avec la presque certitude d'une juste indemnité.

On pourra également vendre au besoin, car l'éventualité d'une expropriation ne déprécie guère aujourd'hui une propriété dont on sait ne pouvoir être dépossédé qu'au moyen d'une juste indemnité.

On n'est pas non plus privé de louer, puisqu'en cas d'éviction, le locataire lui-même est équitablement indemnisé.

On peut en juger au surplus par des exemples. Le boulevart Mazas, le boulevart Malesherbes, les rues sur les terrains dits du cardinal Lemoine et la rue Soufflot, sont depuis longtemps tracés (1), et je ne sache pas que les propriétés atteintes par ces tracés aient donné lieu à des spéculations en vue d'en contrarier l'exécution ou de la rendre plus dispendieuse.

Si un plan général de percement devait porter une grave atteinte à la

---

(1) Le boulevart Mazas a été approuvé par ordonnance royale du 15 octobre 1814.
Le boulevart Malesherbes, jusqu'à la rue d'Anjou, par ordonnance royale du 2 juin 1824; sur les terrains Hagermann et Mignon, par ordonnance du 2 février 1826, et réduit par ordonnance du 2 septembre 1829 à la partie comprise entre la place et la rue de la Madeleine.
Les rues sur le terrain dit du cardinal Lemine ont été approuvées par ordonnance du 7 juillet 1824, et la rue Soufflot par ordonnance du 9 août 1826.

propriété, ce serait un motif de plus pour le faire immédiatement *très exact*,, afin de ne pas laisser peser la dépréciation, d'une manière éventuelle, sur toutes les propriétés susceptibles d'être atteintes par un projet dont les points extrêmes seraient seuls fixés.

Les percements étant généralement avantageux aux propriétés qui restent en bordure, il y aurait avantage à en faire connaître exactement le tracé; car il pourrait arriver que, dans beaucoup de localités, l'intérêt des riverains serait assez considérable pour les amener à en demander l'exécution à leurs frais, ou du moins pour y concourir par des subventions qui viendraient en aide à l'administration. D'autres pourraient construire par avance à l'alignement et, dans un temps plus ou moins long, l'administration n'aurait plus qu'à achever quelques lacunes.

N'est-ce pas même le meilleur moyen d'amener les particuliers à faire, de leur plein gré, le sacrifice d'une partie de la plus-value que devraient acquérir leur propriété par suite de l'exécution du projet, que de se réserver de n'entreprendre cette exécution qu'avec l'offre de leur concours dans une proportion équitable ?

Je suis quant à moi persuadé que si le plan général des améliorations d'avenir de Paris était arrêté et rendu public, et si l'Administration déclarait ensuite qu'elle ne demandera d'abord la déclaration d'utilité publique que des parties de ce plan pour l'exécution desquelles elle aurait obtenu l'offre d'un large concours des propriétaires intéressés, trois mois ne seraient pas écoulés que ces offres lui arriveraient de toutes parts.

Est-il possible de songer, en effet, à opérer encore comme on l'a fait pour la rue de Rambuteau et pour quelques autres rues ?

Ne voit-on pas que l'Administration a dû y épuiser toutes ses ressources pour payer des indemnités très considérables à des riverains dont les propriétés, quoiqu'un peu écornées ou restreintes dans leur superficie, ont aujourd'hui une valeur bien supérieure à celles qu'elles pouvaient avoir avant l'opération ?

Eh bien, le moyen de se soustraire à de pareille exigences, c'est de porter à la connaissance du public le plan général des tracés, sauf à n'exécuter, par ordre d'urgence, qu'avec le concours des riverains intéressés, ou tout au moins avec leur désistement de toutes prétentions à des indemnités exagérées.

PLUS-VALUE.

Les inconvénients du système actuellement suivi n'ont pas été moins vivement sentis par l'auteur du mémoire que j'examine.

Il les a fait ressortir avec beaucoup de force et de clarté et s'est attaché à démontrer que l'administration devrait être autorisée par la loi, à acquérir la totalité des propriétés atteintes par un percement de rue.

Il y a longtemps que je suis d'accord avec lui sur ce point; mais comment obtenir cette modification à une loi nouvelle, quand cette modification si nécessaire, pour son application à Paris surtout, paraît n'avoir pas osé se produire lors du remaniement auquel cette loi a été dernièrement soumise?

J'espère toutefois que quelques années d'expérience encore en démontreront la nécessité; mais, en attendant, je crois fermement que l'administration peut user avec fruit du moyen quelque peu arbitraire peut-être, mais *juste* cependant, que j'ai indiqué plus haut, pour se soustraire au paiement d'indemnités qui ne sont pas équitablement dues.

Quant à demander l'autorisation d'exproprier des zônes en dehors du tracé des rues, je repousse avec l'auteur du mémoire ce moyen contre l'emploi duquel il donne des raisons qui me paraissent péremptoires.

IMPORTANCE ANNUELLE DES TRAVAUX.

Il porte à 5 millions la somme qu'il croirait convenable d'employer annuellement aux travaux de grande voirie, et il est d'accord avec l'opinion que j'ai émise sur ce point dans mon mémoire du 30 avril 1840.

Seulement, les services courants de la Ville ne me paraissent pas devoir lui laisser la disponibilité de cette somme. Aussi ai-je cherché à démontrer qu'il serait possible d'appeler l'avenir à y concourir pour une partie (1), et la recommandation qu'il fait de donner, dans ce cas, cette affectation spéciale à l'emprunt, me paraît superflue, car un emprunt ne peut être autorisé qu'à cette condition d'affectation spéciale.

NOUVEAU MODE D'ADJUDICATION DES TRAVAUX.

Dans la double hypothèse d'un emprunt et de la modification qu'il propose à la loi d'expropriation, il ouvre l'idée d'une combinaison qui consisterait à estimer d'abord toutes les propriétés à acquérir par expropriation pour l'ouverture d'une rue. Le chiffre total de cette estimation indiquerait le montant de l'emprunt à faire spécialement pour cette opération. L'emprunt, dont les termes de remboursement et les intérêts seraient fixés d'une manière invariable, serait mis en adjudication, et le concours serait ouvert entre les soumissionnaires qui offriraient le plus

(1) Voir le mémoire du 30 avril 1840.

haut prix des terrains restant après l'opération et des matériaux de démolition, prix dont l'adjudicataire aurait à tenir compte en déduction des remboursements à lui faire.

La Ville ferait elle-même, sur le fonds de l'emprunt, l'expropriation et le paiement des indemnités de dépossession des propriétaires et d'éviction des locataires, et supporterait tous les frais.

Cette proposition semblerait offrir le double avantage d'appeler les capitaux à s'engager dans ces sortes d'opérations sans avoir à courir les chances presqu'incalculables qu'ils rencontrent dans le système actuel. Elle laisserait à l'administration la plus-value résultant de l'affaire, et la débarrasserait des détails d'exécution, des reventes des matériaux et des portions de terrain restantes, dont elle ne peut pas toujours tirer le parti le plus avantageux.

Mais, tant que l'hypothèse dans laquelle seule cette proposition est présentée n'est pas réalisée, tant que l'art. 50 de la loi du 7 juillet 1833 ne sera pas modifié, il n'y a pas à s'en occuper.

En résumé, le travail dont je viens de vous entretenir contient de sages aperçus et quelques vues utiles, à côté de plusieurs propositions exagérées, inadmissibles selon moi.

Elles tendent même à induire qu'on ne peut s'occuper de cette question du déplacement de Paris, sans être tout d'abord arrêté par de nombreuses impossibilités.

Or, comme ces exagérations émanent d'un homme ayant une grande expérience de la matière, et qu'elles sont accompagnées de raisonnements spécieux, j'ai cru devoir les examiner attentivement et vous soumettre les réflexions qu'elles m'ont suggérées, en vue de détruire autant que possible la fâcheuse influence qu'elles auraient pu exercer sur l'esprit de ceux d'entre vous qui ont eu communication du Mémoire où elle sont consignées.

J'en ai pris occasion de vous faire connaître sous quel jour j'envisage les principales questions qui doivent être étudiées par la commission ministérielle dite du *déplacement de Paris*, et je terminerai en émettant le vœu, qu'à défaut de cette commission, le Conseil Municipal s'occupe lui-même de ces questions.

La première qui se présente, la plus urgente, vous le reconnaissez tous, est celle relative à l'emplacement qui doit être assigné définitivement à la halle générale des approvisionnements en légumes, fruits et comestibles.

Vous avez demandé avec instances réitérées à l'Administration, qu'elle vous soumette un projet qui ne vient point, et cependant vous ne pouvez achever la rue Rambuteau sans avoir pris un parti à l'égard de la halle générale.

Le travail sur cette halle, rédigé aussi dans le bureau de la grande voirie, et dont je vous ai entretenu, n'est point un projet; c'est tout au plus un programme. Il n'a d'ailleurs été communiqué qu'officieusement à la commission ministérielle. Nous ignorons donc encore s'il est ou s'il n'est pas, sur cette question, l'expression de la pensée de l'administration.

N'est-ce pas le cas alors d'unir nos efforts pour obtenir qu'elle se prononce à cet égard, et pour qu'elle soumette au plus tôt sa proposition, quelle qu'elle soit, à l'examen du Conseil Municipal afin qu'il en puisse délibérer.

Je reconnais volontiers qu'elle ne saurait légèrement prendre un parti sur une aussi grave question; mais il y a longtemps que nous l'avons mise en demeure de l'étudier.

Si le travail officieux que je viens de rappeler n'était, comme il est probable, qu'un ballon d'essai, et si l'opinion qu'il exprime m'a immédiatement rencontré comme contradicteur, ce n'était pas une raison pour abandonner la partie.

J'ai exposé mes motifs d'opposition contre cette opinion dans un mémoire que j'ai mis à la disposition de l'administration et dont elle a pris connaissance (1). Une année entière s'est écoulée depuis; elle a eu le temps de se former elle-même une opinion arrêtée, qu'elle doit enfin nous faire connaître *officiellement*.

Flotterait-elle encore entre deux avis très divergents, très opposés, qui lui paraîtraient l'un et l'autre appuyés sur de bonnes raisons? mais ce serait un motif de plus de les livrer à la discussion, afin d'éclairer la question, pour ensuite prendre un parti définitif en connaissance de cause.

Si, d'une part, M. le Préfet attend que la commission ministérielle se soit prononcée sur la question de l'emplacement pour faire dresser le projet et les devis; et si, d'autre part, la commission attend qu'on lui soumette ce projet pour en connaître la dépense probable avant d'émettre son avis, cette attente mutuelle sera nécessairement sans fin.

Tel est cependant le véritable état des choses, autant que j'ai pu m'en rendre compte : j'avais le devoir de vous le faire connaître, et je remercie notre collègue, M. Boulay de la Meurthe, de me l'avoir rappelé.

(1) Mémoire spécial à la halle, en date du 20 mars 1841.

Quant au plan général des améliorations d'avenir de la voie publique, je dois peut-être vous dire aussi que nous sommes à peu près dans la même position qu'à l'égard de la halle ; car, tandis qu'un employé supérieur de la préfecture m'adressait, sur mon rapport du 1er août 1839, des observations tendantes à me démontrer que le plan d'ensemble que je demandais présentait des difficultés telles qu'on devait y renoncer, un autre employé, s'emparant des idées du même rapport, occupait ses loisirs à l'étude et à la confection de ce plan, qui n'aurait point obtenu l'approbation du chef de l'administration. Si je suis bien informé, défense même aurait été faite à son auteur de le publier sous son nom.

Ce plan serait ensuite passé en d'autres mains accompagné d'un manuscrit qui, en reproduisant les idées émises dans mon rapport du 1er août 1839, en force la plupart des conséquences dans l'application qu'il propose d'en faire, et contient, du reste, un projet de règlement de grande voirie fort remarquable.

On assure que le tout sera publié prochainement.

Quoi qu'il en soit, je comprends parfaitement que M. le Préfet n'ait pas autorisé cette publication comme étant l'expression de la pensée de l'administration.

Le plan dont il s'agit, plus complet que celui dit *des artistes*, me semble être aussi une œuvre toute artistique, indiquant plutôt ce qu'il serait désirable que fût Paris que ce qu'il peut être.

J'éprouve à ce sujet le besoin de déclarer hautement, que je ne veux rien, que je n'ai jamais rien demandé d'impossible, et par conséquent de semblable.

Je persiste à croire que des travaux de grande voirie, exécutés d'après un plan d'ensemble dressé avec intelligence des besoins réels d'intérêt général et dans une mesure en rapport avec les ressources financières de la Ville (qu'avant tout j'ai eu le soin d'étudier) (1), doivent, s'ils sont entrepris par ordre d'urgence et avec discernement, arrêter le mouvement de déplacement de la population, faciliter la circulation au centre de Paris, y ramener le centre des affaires, et rendre plus prospères les quartiers du sud-est de Paris.

Améliorer, embellir, assainir, régénérer dans la limite du possible, voilà mon programme, et rien ne lui est plus nuisible et contraire que des utopies qui poussent l'exagération jusqu'à proposer à peu de chose près la destruction et la reconstruction de tout Paris.

(1) Mémoire du 30 avril 1840. Situation financière de la Ville. Amortissement de sa dette. Sommes employées en travaux extraordinaires depuis le commencement du siècle. Etablissements municipaux créés au profit de l'avenir, etc.

Je reconnais toutefois que le plan auquel je fais allusion et qui a dû coûter beaucoup de travail, pourrait être d'une grande utilité dans l'étude de celui à adopter. Il est probable qu'il contient, *tout étudié*, le tracé des opérations de voirie indispensables, au milieu de beaucoup d'autres d'une utilité moins reconnue ou même contestable.

Or, il suffirait peut-être, en prenant ce travail comme thème de discussion, d'opérer par voie d'élimination et de manière à n'en conserver que les parties essentielles.

Ce qu'il y a de certain, et l'auteur du mémoire du 14 mai 1841 *le reconnaît maintenant avec moi*, ainsi que je l'ai déjà fait remarquer, c'est qu'il est *nécessaire* de dresser et d'arrêter un plan général des améliorations d'avenir, pour l'exécuter au fur et à mesure des ressources que la Ville pourra y affecter.

Mais il ne suffit pas qu'on reconnaisse cette nécessité, il faut qu'on se mette en devoir d'y satisfaire.

Nous l'avons demandé par une délibération du 1er août 1839, comme une mesure indispensable de laquelle peut dépendre l'avenir de la cité qui nous a confié le soin de ses intérêts, et peut-être trouverez-vous, avec moi, que le moment est enfin venu d'insister sur cette demande. C'est ce que je viens encore vous proposer par cette lettre.

Je vous demande pardon si, en la prolongeant peut-être outre mesure, pour appeler votre attention sur les principales questions qui devaient être étudiées par la commission ministérielle, j'ai un peu abusé de l'indulgence à laquelle vous m'avez habitué; mais j'ai pensé, qu'à défaut et indépendamment de cette commission, il appartenait particulièrement au Conseil Municipal de se prononcer sur ces mêmes questions, et que, dès lors, mes réflexions sur les préventions et sur les exagérations dont elles sont constamment l'objet, pouvaient vous offrir quelqu'intérêt.

J'espère même qu'après les avoir méditées, vous partagerez pour la plupart cette opinion, que la pensée de maintenir Paris dans la position avantageuse qu'il occupe sur les deux rives de la Seine n'est point une chimère; et qu'il suffirait, pour arrêter la marche de la population vers le nord-ouest, de prendre quelques grandes mesures administratives que je réduis à trois principales, à savoir :

1° La confection d'un plan d'ensemble des travaux de grande voirie à opérer par ordre d'urgence dans Paris, et étudiés dans des vues d'avenir en harmonie avec le but à atteindre;

2° Le prochain déplacement de la halle générale, son établissement sur de larges bases au lieu que j'ai précédemment indiqué, l'application immédiate aux travaux de percement, d'élargissement, d'assainissement et d'embellissement du quartier des halles et des autres quartiers du centre, des économies que présenterait ce déplacement (1), c'est-à-dire, de la différence entre la dépense de création de la halle sur l'emplacement que je propose et son maintien avec agrandissement sur l'emplacement actuel;

3° Et l'affranchissement, au moyen d'un abonnement annuel, du péage sur les ponts de Paris (2), ou le rachat des concessions au moyen d'un emprunt spécial.

Telles sont, en dernière analyse, les propositions auxquelles j'aurais conclu à la commission ministérielle, si elle eût continué de se réunir.

Permettez-moi d'espérer que vous les trouverez dignes d'une sérieuse attention de la part du Conseil Municipal, et que vous voudrez bien vous unir à moi pour demander qu'il soit bientôt régulièrement saisi de leur examen.

Recevez, Messieurs et chers collègues,
l'assurance de mon entier dévoûment,

LANQUETIN.

Paris, 15 avril 1842.

---

(1) J'ai démontré dans mon mémoire du 30 avril 1840 et dans celui du 20 mars 1841 que cette économie serait de plus de vingt millions.

(2) Par une délibération prise, sur ma proposition, le 1er août 1839, le Conseil Municipal a invité M. le préfet de la Seine à faire étudier cette question, sur laquelle j'avais déjà, le 29 octobre 1838, appelé l'attention du Conseil Général de la Seine.

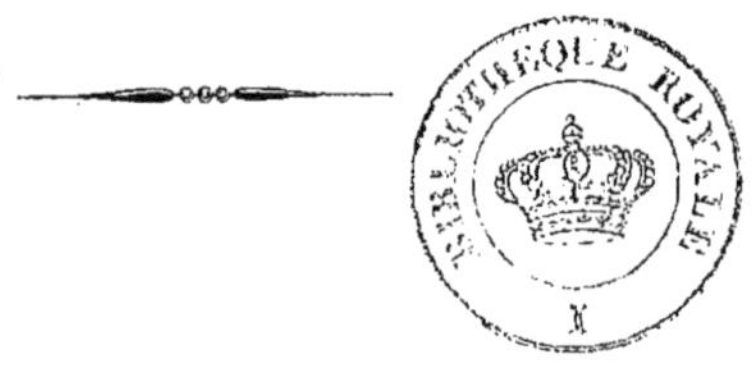
BIBLIOTHÈQUE ROYALE

VINCHON, Imprimeur de la Préfecture de la Seine, rue J.-J. Rousseau, 8.

www.ingramcontent.com/pod-product-compliance
Ingram Content Group UK Ltd.
Pitfield, Milton Keynes, MK11 3LW, UK
UKHW020516180726
13839UKWH00005B/2115